N° 333 (Bibliog. 1778)

# LE CRI
DES
NATIONS.
1769.

# LE CRI
## DES
## NATIONS.
### 1769.

A GENEVE.

# LE CRI
## DES NATIONS.

**E**SPAGNE, qui fus le berceau des Jésuites; parlemens de France, qui depuis l'institution de cette milice armates toujours les loix contre elle; Portugal, qui n'avois que trop éprouvé le danger de leurs maximes; Naples, Sicile, Parme, Malthe, qui les avez connus, vous en avez enfin purgé vos états; non qu'il n'y eût parmi eux des hommes vertueux & utiles, mais parce qu'en général l'esprit de cet ordre étoit contraire aux intérêts des nations, & parce qu'en effet ils étoient les satellites d'un prince étranger.

C'est dans cette vue que la sagesse éclairée de presque toutes les puissances catholiques, impose aujourd'hui le frein des lois à la licence des moines qui se croyoient indépendans des lois mêmes. Cette heureuse révolution, qui paroissoit impossible dans le siecle passé, quoiqu'elle fût très-aisée, a été reçue avec l'acclamation des peuples. Les hommes étant plus éclairés en sont devenus plus sages & moins malheureux. Ce changement auroit produit des excommunications, des interdits, des guerres civiles dans des temps de barbarie; mais dans le siecle de la raison on n'a entendu que des cris de joie.

Ces mêmes peuples qui bénissent leurs Souverains & leurs Magistrats pour avoir commencé ce grand ouvrage, esperent qu'il ne demeurera pas imparfait. On a chassé les Jésuites, parce qu'ils étoient les principaux organes des prétentions de la Cour de Rome ; comment donc pourroit-on laisser subsister ces prétentions ? Quoi ! l'on punit ceux qui les soutiennent, & on se laisseroit opprimer par ceux qui les exercent !

---

## DES ANNATES.

D'où vient que la France, l'Espagne, l'Italie payent encore des Annates à l'évêque de Rome ? Les Rois conferent le bénéfice de l'épiscopat, l'église confere le Saint-Esprit. Ces deux dons n'ont certainement rien de commun. Les Rois ont fondé le bénéfice, qui consiste dans le revenu, ou bien il est aux droits des Seigneurs qui l'ont fondé. La nomination est donc le privilege de la couronne. C'est donc *par la grace unique du Roi*, & non par celle d'un évêque étranger, qu'un évêque est évêque. Ce n'est point le pape qui lui donne le Saint-Esprit ; il le reçoit de l'imposition de quelques autres évêques ses concitoyens. S'il paye au pape quelque argent pour la collation de son bénéfice, c'est dans le fond un délit contre l'état ; s'il paye cet argent pour recevoir le Saint-Esprit, c'est une simonie ; il n'y a pas de milieu. On a voulu pallier ce marché qui offense la religion & la patrie, on n'a jamais pû le justifier.

Il est autorisé, dit-on, par le concordat entre le Roi François I, & le pape Léon X. Mais quoi ! parce qu'ils avoient alors besoin l'un de l'autre, parce que des intérêts passagers les réunirent, faut-il que l'état en souffre éternellement ? Faut-il payer à jamais ce qu'on ne doit pas ? Sera-t-on esclave au dix-huitieme siecle, parce qu'on fut imprudent au seizieme ?

## DES DISPENSES.

ON paye chérement à Rome la dispense pour épouser sa cousine & sa niece. Si ces mariages offensoient Dieu, quel pouvoir sur la terre auroit droit de les permettre? Si Dieu ne les réprouve pas, à quoi sert une dispense? S'il faut cette dispense, pourquoi un Champenois & un Picard doivent-ils la demander & la payer à un prêtre Italien? Ces Champenois & ces Picards n'ont-ils pas des tribunaux qui peuvent juger du contrat civil, & des curés qui administrent en vertu du contrat civil ce qui est du ressort du Sacrement?

N'est-ce pas une servitude honteuse, contraire au droit des gens, à la dignité des couronnes, à la religion & à la nature, de payer un étranger pour se marier dans sa patrie?

On a poussé cette tyrannie absurde jusqu'à prétendre que le pape feul a le droit d'accorder pour de l'argent à un filleul la permiffion d'époufer fa marraine. Qu'eft-ce qu'une marraine ? C'eft une femme inutile ajoutée à un parrain néceffaire, laquelle a de furcroît répondu pour vous que vous feriez chrétien. Or, parce qu'elle a dit que vous obferveriez les Rites du Chriftianifme, ce fera un crime de contracter avec elle un facrement du chriftianifme! Et le pape feul pourra changer ce crime en une action méritoire & facrée moyennant une taxe!

Ce prétendu crime n'étoit pas moins grand entre un parrain & une marraine. Ils ont répondu qu'un enfant né à Baviere feroit chrétien , donc ils ne pourront jamais fe marier fi un prêtre de Rome ne leur fait payer chérement une difpenfe! Et c'eft ainfi qu'on a traité les hommes! Ils le méritoient, puifqu'ils l'ont fouffert.

## De la Bulle In Cœna Domini.

LA Bulle *In Cœna Domini* n'est pas à beaucoup près le monument le plus étrange de l'absurde despotisme si longtems affecté autrefois par la Cour de Rome. Les bulles des Grégoire VII, des Innocent IV, des Grégoire IX, des Boniface VIII, ont été sans doute plus funestes; mais la bulle *In Cœna Domini* est d'autant plus remarquable, qu'elle a été forgée dans des temps où les hommes commençoient à sortir de l'épaisse barbarie qui avoit si long-temps abruti toute l'Europe. L'Angleterre & la moitié du continent soulevées au seizieme siecle contre les usurpations romaines, sembloient avertir cette cour d'être modérée. Cependant au mépris de toute bienséance & des droits divins & humains, l'évêque de Rome, Pie V, n'hésita pas à promulguer cette bulle qu'on fulmine à Rome tous les jeudis de la semaine sainte, avec les cérémonies les plus pompeuses & les plus lugubres. On excommunie en ce jour tous les Magistrats, tous les évêques, tous les hommes enfin qui appellent à un futur concile ; tous les capitaines de vaisseaux qui courent la mer sur les côtes de l'état eccléfiastique ; tous ceux qui arrêtent les pourvoyeurs des viandes destinées pour le pape ; les rois, leurs chanceliers, leurs parlemens ou cours supérieures qui concourent à souffrir que le clergé paye des tributs à l'état, sous quelque dénomination que ce puisse être ; tous les magistrats, & particuliérement les parlemens, qui s'opposent à la réception de la discipline du concile de Trente. Le pape seul peut absoudre ceux qui se rendent coupables de ces crimes énormes. Il faut qu'ils aillent demander pardon à Rome aux grands pénitenciers, qui doivent les frapper de leurs baguettes. Ainsi tous les parlemens de France doivent faire le pélérinage de Rome pour aller recevoir des coups de verges dans l'églife de St. Pierre. Pourquoi non ? Le grand Henri IV, en reçut bien par procureur fur le dos des cardinaux d'Offat & du Perron.

---

### Des Juges délégués par Rome.

UN curé de nos provinces eft jugé en matiere purement eccléfiaftique par l'officialité de fon évêque. Il en appelle au métropolitain, du métropolitain au primat, n'eft-ce pas affez ? Faut-il une quatrieme juridiction pour achever fa ruine ? Faut-il que Rome délégue de nouveaux juges ? Cela s'appelle en appeler aux apôtres. Mais nous ne voyons pas que les apôtres ayent jamais rendu des arrêts à Jérufalem par appel de la juridiction des Gaules.

*Quelle peut être la cause de toutes ces prétentions.*

LEs usurpations de la cour romaine sont grandes & ruineuses; ses prétentions sont innombrables. Sur quoi sont-elles fondées ? Pourquoi l'évêque de Rome seroit-il le despote de l'église, le Souverain des lois & des rois ? Est-ce parce qu'il se nomme pape ? Mais ce titre est encore celui de tout prêtre de l'église grecque, mere de l'église romaine, & qui n'a jamais souscrit aux usurpations de sa fille. Est-ce parce que Jesus-Christ a dit expressément : *Il n'y aura parmi vous ni premiers ni derniers ?* Est-ce parce qu'il a dit : *Que celui qui voudroit s'élever au-dessus de ses freres seroit obligé de les servir ?*

Est-ce parce que les papes se sont dits successeurs de Saint Pierre ? Mais il est démontré que Saint Pierre n'a jamais eu aucune juridiction fur les apôtres fes confreres ; & il n'eft pas moins démontré que Saint Pierre n'a jamais été à Rome. S'il avoit fait ce voyage, les actes des apôtres en auroient parlé : la premiere églife qu'on eût bâtie à Rome auroit été bâtie en l'honneur de Saint Pierre & non pas en l'honneur de St. Jean : l'églife de St. Jean de Latran ne feroit pas encore regardée aujourd'hui par les romains comme la premiere églife de l'occident.

Des auteurs qui ne font pas des de Thou , un Abdias, un Marcel, un Hégéfipe, écrivent que Simon Bar-jone, furnommé Pierre , vint à Rome fous l'empereur Néron ; qu'il y rencontra Simon le magicien ; qu'ils s'envoyerent l'un & l'autre faire des complimens par leurs chiens ; qu'ils difputerent à qui reffufciteroit un parent de Néron qui venoit de mourir ; que Simon le magicien n'opéra la réfurrection qu'à moitié , & que l'autre Simon l'opéra entiérement; qu'ils fe défierent ensuite à qui voleroit le plus haut dans l'air en préfence de l'Empereur ; que Simon Pierre en faifant le figne de la croix fit tomber fon rival de la moyenne région, ce qui fut caufe qu'il fe caffa les deux jambes, & que Saint Pierre ayant vécu vingt-cinq ans à Rome fous Néron, qui ne régna que treize années, fut crucifié la tête en bas.

Eft-il poffible que ce foit fur de pareils contes que l'imbécillité humaine ait établi dans des temps barbares la plus énorme puiffance qui ait jamais opprimé la terre, & en même temps la plus facrée ?

Ceux qui ont voulu donner une ombre de vraifemblance à ces incompréhenfibles ufurpations, ont dit que Rome ayant été la capitale du monde politique, elle devoit être la capitale du monde chrétien. Mais par cette raifon, fi l'empereur Charlemagne avoit établi le figne de fon empire à Vaugirard, fi fa race avoit confervé fa puiffance au lieu de la démembrer ;

s'il

s'il y avoit eu enfin un évêque à Vau-girard, ce prélat auroit donc été le maître des empereurs, des rois & de l'églife universelle.

Quand même Saint Pierre auroit fait le voyage de Rome, en quoi l'évêque de cette Ville auroit-il eu la prééminence sur les autres ? Rome n'avoit point été le berceau du Christianisme, c'étoit Jérusalem. La primauté appartenoit naturellement à l'évêque de cette ville, comme les trésors appartiennent de droit à ceux sur le terrain desquels on les a trouvés.

*Fraudes dont on s'est appuyé pour auto-
rifer une domination injuſte.*

ON frémit quand on envifage ce long amas d'impoſtures, dont le tiſſu a formé enfin la thiare qui a opprimé tant de couronnes. Je ne parle pas des fauſſes conſtitutions apoſtoliques ; des fauſſes citations, des mauvais vers attribués aux prétendues ſybilles , des fauſſes lettres de Saint Paul à Seneque ; des fauſſes recognitions du pape Clément, & de ce nombre innombrable de fraudes, qu'on appeloit autrefois fraudes pieuſes. Je parle de la prétendue donation de Conſtantin, qui eſt du neuvieme ſiecle, & qu'on étoit obligé de croire ſous peine d'excommunication. Je parle des abſurdes décrétales qui ont été ſi long-temps le fondement du droit canon, & qui ont corrompu la jurisprudence de l'Europe. Je parle de la prétendue concession faite par Charlemagne à l'évêque de Rome, de la Sardaigne & de la Sicile, que ce monarque n'a jamais possédées. Chaque année ajouta un chaînon à la chaîne de fer, dont l'ambition revêtue des habits de la religion lioit les peuples ignorans. On ne peut faire un pas dans l'histoire sans y trouver des traces de ce mépris avec lequel Rome traita le genre humain, ne daignant pas même employer la vraisemblance pour le tromper.

*De l'indépendance des Souverains.*

Souveraineté & dépendance sont contradictoires. Toute monarchie, toute république n'a que Dieu pour maître; c'est le droit naturel, c'est le droit de propriété. Deux choses seules peuvent vous en priver, la force d'un brigand usurpateur, ou imbécillité. Les Goths s'emparent de l'Espagne par la force; les Tartares s'emparent de l'Inde, Jean sans terre donne l'Angleterre au pape. On se réintegre dans le droit naturel contre l'usurpation quand on a du courage. On reprend son royaume des mains du pape quand on a le sens commun.

### Des royaumes donnés par les papes.

QUiconque a lu fait que les papes ont donné ou cru donner tous les royaumes de l'Europe, fans en excepter aucun, depuis les montagnes glacées de la Norvege jufqu'au détroit de Gibraltar. Ceux qui n'ont pas lu, ne le croiront pas, parce que d'un côté ce comble d'audace, & de l'autre cet excès d'aviliffement femblent incompréhenfibles.

Hildebrand, ou Childebrant, (moine de Cluni, pape fous le nom de Grégoire VII,) eft le premier qui au bout de mille ans pervertit à ce point le Chriftianifme. Il ofe citer l'empereur Henri IV à comparoître devant lui en 1076, il prononce contre cet empereur un arrêt de dépofition la même année. *Je lui défends*, dit-il, *de gouverner le royaume teutonique, & je délie tous fes fujets de leur ferment de fidélité.*

L'année suivante ayant soulevé contre lui l'Allemagne, il le force à venir lui demander pardon pieds nuds & revêtu d'un cilice.

En 1088, le même Childebrant donne de son autorité privée l'Empire à Rodolphe, Duc de Suabe.

Urbain II moine de Cluni, nommé Grégoire VII, marche sur les mêmes traces.

Pascal II va plus loin, il arme le fils de Henri IV contre son pere & en fait un parricide.

Enfin ce grand empereur meurt en 1106, dépouillé de l'Empire & réduit à l'indigence. On l'enterre à Liege ; mais comme il étoit excommunié, son propre fils Henri V, le fait exhumer, & un mahœuvre l'enterre à Spire dans une cave.

Après cet horrible exemple il est inutile de rapporter tous les attentats sans nombre que les papes exercerent contre tant d'empereurs, & les calamités de la maison de Suabe.

Les papes ne permettoient pas qu'on lût l'écriture sainte ; il suffisoit qu'on sût qu'ils étoient les vicaires de Dieu, & qu'en cette qualité ils devoient disposer de tous les royaumes de la terre. C'étoit précisément ce que le Diable proposa à Jesus-Christ sur la montagne où il est dit qu'il le transporta.

―――――――――

*Nouvelles preuves du droit de disposer de tous les royaumes, prétendu par les papes.*

IL y a cent bulles d'évêques de Rome qui assurent expressément que les royaumes ne sont que des concessions de la chaire pontificale. Arrêtons-nous à celle d'Adrian IV, au roi d'Angleterre Henri II, " On ne doute pas, & vous êtes per-
,, suadé que tout royaume chrétien est du
,, patrimoine de Saint Pierre, & que
,, l'Irlande & toutes les Isles qui ont reçu

,, la foi, appartiennent à l'église romaine.
,, Nous apprenons que vous voulez sub-
,, juguer cette isle pour faire payer un
,, denier à Saint Pierre par chaque mai-
,, son, ce que nous vous accordons avec
,, plaisir, &c ,,.

Il n'est presque point d'état en Europe où des bulles à peu près semblables n'aient fait répandre des torrens de sang. Ne parlons ici que des papes qui oserent excommunier les rois de France, Robert, Philippe I, Philippe-Auguste, Louis VIII, père de Saint Louis, excommunié par un simple légat, acceptant pour pénitence de payer au pape le dixieme de son revenu de deux années, & de se présenter nuds pieds & en chemise à la porte de Notre-Dame de Paris, avec une poignée de verges pour être fouetté par les chanoines ; pénitence, dit-on, que ses domestiques accomplirent pour leur maître ; Philippe-le-bel livré au Diable par Boniface VIII, son royaume en interdit

interdit (\*) & transféré à Albert d'Autriche. Enfin le bon roi Louis XII, excommunié par Jules II, & la France mise

---

(\*) Le commun des Lecteurs ignore la maniere dont on interdisoit un royaume. On croit que celui qui se disoit le pere commun des chrétiens se bornoit à priver une nation de toutes les fonctions du christianisme, afin qu'elle méritât sa grace en se révoltant contre le Souverain. Mais on observoit dans cette sentence des cérémonies qui doivent passer à la postérité. D'abord on défendoit à tout laïque d'entendre la messe & on n'en célébroit plus au maître-autel. On déclaroit l'air impur. On ôtoit tous les corps saints de leurs châsses, & on les étendoit par terre dans l'église couverts d'un voile. On dépendoit les cloches & on les enterroit dans des caveaux. Quiconque mouroit dans le temps de l'interdit étoit jeté à la voirie. Il étoit défendu de manger de la chair, de se raser, de se saluer. Enfin le royaume appartenoit de droit au premier occupant; mais le pape prenoit toujours soin d'annoncer ce droit par une bulle particuliere, dans laquelle il désignoit le prince qu'il gratifioit de la couronne vacante.

D

encore en interdit par ce vieux & fougueux soldat évêque de Rome.

Les plaies que les papes fauteurs de la ligue ont faites à la France, ont saigné trente années, depuis que le cordelier Sixte-quint eut l'audace d'appeler Henri IV, *génération bâtarde & détestable de la maison de Bourbon*, & de le déclarer incapable de posséder un seul de ses héritages. Il faut le dire à nos contemporains, & les conjurer de redire à nos descendans que ce sont ces seules maximes qui porterent le couteau dans le cœur du plus grand de nos héros & du meilleur de nos rois. Il faut en versant des larmes sur la destinée de ce grand homme, répéter qu'on eut une peine extrême à obtenir de Clément VIII, qu'il lui donnât une absolution dont il n'avoit que faire, & à empêcher que ce pape n'inférât dans cette absolution, *qu'il réintégroit de sa pleine autorité Henri IV dans le royaume de France*.

Quelques personnes plus confiantes qu'éclairées, veulent nous consoler en nous disant que ces abominations ne reviendront plus. Hélas ! qui vous l'a dit ? Le fanatisme est-il entiérement extirpé ? Ne savez-vous pas de quoi il est capable ? La plupart des honnêtes gens sont instruits, je l'avoue ; les maximes des parlemens sont dans nos bouches & dans nos cœurs ; mais la populace n'est-elle pas ce qu'elle étoit du temps d'Henri III, & de Henri IV ? N'est-elle pas toujours gouvernée par des moines ? N'est-elle pas trois cens fois au moins plus nombreuse que ceux qui ont reçu une éducation honnête ? N'est-ce pas enfin une traînée de poudre, à laquelle on peut mettre un jour le feu ?

Jusqu'à quand se contentera-t-on de palliatifs dans la plus horrible & la plus invétérée des maladies ? Jusqu'à quand se croira-t-on en pleine santé parce que nos maux ont quelque relâche ? C'est aux magistrats, c'est aux hommes qui partagent le fardeau du gouvernement à voir quelle digue ils peuvent mettre à des débordemens qui nous ont inondés depuis tant de siecles. Chaque pere de famille est conjuré de peser ces grandes vérités ; de les graver dans la tête de ses enfans, & de préparer une postérité qui ne connoisse que les lois & la patrie.

On se sert encore parmi nous du mot dangereux *des deux puissances*; mais Jesus-Christ ne l'a jamais employé; il ne se trouve dans aucun pere de l'église; il a été toujours inconnu à l'église grecque: & en dernier lieu un évêque grec a été déposé par un synode d'évêques pour avoir usé de cette expression révoltante.

Il n'y a qu'une puissance, celle du Souverain. L'église conseille, exhorte, dirige; le gouvernement commande. Non il n'est certes qu'une puissance. La cour de Rome a cru que c'étoit la sienne; mais quel gouvernement ne secoue pas aujourd'hui le joug de cette absurde tyrannie ? Pourquoi donc le nom subsiste-t-il encore quand la chose même est détruite ? Pourquoi laisser sous la cendre un feu qui peut se rallumer ? N'y a-t-il pas assez de malheurs sur la terre sans mettre encore aux prises la discipline du Sacerdoce avec l'autorité souveraine ?

Nous n'entrons pas ici dans cette grande question, si les dignités temporelles conviennent à des ecclésiastiques de l'église de Jesus, qui leur a si expressément & si souvent ordonné d'y renoncer. Nous n'examinons point si dans des temps d'anarchie les évêques de Rome & d'Allemagne, les simples abbés ont dû s'emparer des droits régaliens; c'est un objet de politique qui ne nous regarde pas; nous respectons quiconque est revêtu du pouvoir suprême. Dieu nous préserve de vouloir troubler la paix des états, & de remuer des bornes poſées depuis ſi long-temps! Nous ne voulons que ſoutenir les droits inconteſtables des rois, de toute la magiſtrature, de tous nos concitoyens; & nous nous flattons que ces droits ſur leſquels repoſe la félicité publique, ſeront déſormais inébranlables.

FIN.